♥ 사랑둥이 댕댕남매 ♥

모카우유

♥ 천사표 집사 아빠의 현실 육멍일기

♥ 사랑둥이 댕댕남매 ♥

모카우유

♥ 천사표 집사 아빠의 현실 육멍일기

♥ 모카우유 소개 ♥

작지만 카리스마 넘치는 모카

 요랬는데~

생년월일	2011.10.22
견 종	폼피츠
성 별	남
비 밀	방귀를 매우 잘 낌

생년월일	2016.11.07
견 종	사모예드
성 별	여
비 밀	트림을 매우 잘 함

사랑스러운 흰둥이 우유

요래됐슴당~!

차례

반짝반짝 빛나는
모카우유의 소중한 일상들 in 캐나다

아빠 혼자 놀러 나가서 삐진 강아지 … 12
빗질이 무서워 도망 다니는 강아지 … 20
밖에만 나가면 말 참 안 듣는 개린이 … 23
새로 이사한 집을 처음 본 강아지들 … 26
우유가 거하게 삔 이유 … 28
바보 아빠와 댕댕이들의
숨 막히는 숨바꼭질 … 30
아기 때 이후 처음 만난
자매를 알아볼까? … 33
덥지만 수영은 죽어도 싫어! … 37
북금곰을 미용해 보신 적 있으신가요 … 40
언제나 아기이고 싶은 우유 … 42
오늘은 모카 생일이니까 건드리지 말자! … 44
사모예드 보호자라면 인정하는 5가지 … 48
몽달귀신 우유에게 도착한 택배 … 54
작고 소중한 우유의 생일 … 56
눈이 너무 좋아 계속 집 나가는 강아지 … 60
크리스마스를 따뜻하게 보내는 방법 … 63
같이 놀아 주지 않을 수 없었다! … 67

행복해지는 강아지 풍선 놀이터 … 71
의사 선생님을 재촉하는 강아지 … 74
행복에 녹아내린 강아지 … 76
천사 강아지에게 찾아온 기적 … 78
도망치다 강제 연행된 강아지 사연 … 81
무엇이 모카우유를 하루 종일 웃게 했을까? … 84
우유 때문에 운동을 못하겠어요! … 88
제발 강아지처럼 잘 순 없는 거니? … 94
생전 안 짖던 강아지가 짖은 사연 … 96
반년 만에 재회한 할아버지 … 99
요즘 우리 우유 왜 이러는 걸까요? … 102
모카만 안고 계단을 내려가니
섭섭한 우유 … 104
할머니가 아끼는 정원을 망가뜨렸다! … 106
썰매견이 무더운 여름에 캠핑을 가면? … 112
태어나서 처음 미용실 다녀온 우유 … 115
자기 물건 사 온 건 어떻게 아는 걸까요? … 118
세탁기에 들어간 장난감이
걱정되는 강아지 … 121

보호자 사랑 독차지하려는 강아지 ··· 124
새벽까지 일하는 아빠를 두고 못 자는 강아지 ··· 127

모카를 위한 특급 관리 우리 함께♥ 건강하고 행복하개♥ ··· 51
사랑에 빠지는 사모예드 미소 천사♥ 사모예드 사랑하개♥ ··· 91
꼭 알아 둬야 할 질병 조심하개♥ 잊지 말개♥ ··· 92
귀염둥이 모카우유를 위한 집사 체크 리스트♥ ··· 93

엉뚱하고 귀여운 모카우유의 시시콜콜 이야기 #먹방 #재미 #챌린지

스테이크 처음 먹어 본 강아지 ··· 132
잠자는 강아지 몰래 간식 한 상 차려 주기 ··· 136
고기 앞에서 참을성이 대~단한 강아지 ··· 140
간식 먹고 싶을 때마다 좋 치라고 했더니? ··· 144
댕댕이들이 살 찌는 시기 ··· 150
밥을 한 숟가락만 줬을 때 강아지 반응 ··· 154
누가 내 밥에 랩 씌우래? ··· 158
뽀뽀받은 강아지 ··· 162

모카우유 러블리 포토 모음 #라떼 원픽 사진은?

라떼 님들께 전하는 짧은 편지 ··· 173

Chapter 1

반짝반짝 빛나는 모카우유의 소중한 일상들
in 캐나다

싸울 때도 있지만
언제나 함께여서 좋은 모카와 우유.

앞으로도 우리 함께
건강하고 행복하게 지내자~♥

아빠 혼자 놀러 나가서 삐진 강아지

아무도 없는 이른 아침.
모카, 우유와 함께
산책을 다녀왔어요.

시원하게 부는 바람을
맞으며 go go~!

빗질이 무서워 도망 다니는 강아지

우유야~ 빗질하자 이리 와.

뭔지 모르고 신나 하는 우유♥

흰둥이의 털 수확을 위해 자세를 잡는 조선 빗쟁이 아빠!

안 아프게 해 줄게~.

앗!

아니야! 빗질은 싫어요!

후다닥

지금 막 시작했는데…! 우유, 이리 오세요! 우유, 컴!

밖에만 나가면 말 참 안 듣는 개린이

새로 이사한 집을 처음 본 강아지들

막내가 태어나고 여섯 식구가 복작거리며 살던 집에서 이사를 하게 되었어요!

모카야, 우유야. 앞으로 여기서 행복하게 살자~.

새집 앞에서 기념사진도 찰칵!

새집 입장! 토도도

여기가 어디여? 폴폴

우유가 거하게 뻗은 이유

숙면에 관하여 매우 진지하신 우유 씨.

I love 꿀잠♥

뒹굴

아범 왔는가?

그런데 오늘따라 왠지 잠자는 모습이 심상치 않네요. 한 잔 거하게 걸치고 뻗은 느낌이랄까?

아기를 재우고 내려와 보니 밤잠이 없으신 어르신과…

미동 하나 없는 자세로 은은하게 미소를 짓는 것도 같은데…

헤실

히죽

대자로 뻗어 있는 우유가 보이네요.

바보 아빠와 댕댕이들의 숨 막히는 숨바꼭질

덥지만 수영은 죽어도 싫어!

북극곰을 미용해 보신 적 있으신가요

구름 한 점 없는 맑은 날씨의 어느 날….
우리 집에 돌아다니는 구름 한 점을
다듬어 주기로 했어요~

싹둑 싹둑

바람도 하늘하늘 불어서
야외에서 미용해 주기 좋은 날씨였지요.
물론 오늘 방문하신 구름 손님도
아주 말을 잘 들었답니다 :)

구름 손님의 하얀 부츠도
깔끔하게 정리했고요.

꼼꼼

싹둑

엉덩이는 특별히 신경을
더 써 드렸답니다~.

언제나 아기이고 싶은 우유

오늘은 모카 생일이니까 건드리지 말자!

아이구, 귀여운 내 새끼 안 어울리는 색깔이 없네~.

토도도

헤헤

모카(랑 우유) 선물 사 주러 동네에 있는 강아지 용품점에 왔어요. 오랜만에 새로운 하네스를 사 주려고 해요.

신둥

간식도 꼼꼼히 고르는 아이들.

집에 돌아와서 아이들을 위한 케이크도 만들었어요.

먹음직~

매년 다가오는 모카의 생일이 마냥 기쁘지만은 않지만, 모카가 저희에게 선물해 주는 추억 하나하나에 감사합니다.

와구

와구

사랑하는 모카야~ 여동생이 조금 이상하더라도 잘 보듬어 주고 부족한 엄마아빠 곁에서 오래오래 함께해 줘~.

사모예드 보호자라면 인정하는 5가지

사모예드 보호자라면 공감할 수 있는 다섯 가지!

1. 밥 먹는 시간

우유야, 아빠 밥 좀 먹을게~. 아이고, 털이…!

수북~

그냥 대충 드세요~.

2. 간식 시간

냠냠 같이 먹자~.

앗!

사이좋게 먹다 보면 입에서 털 빼는 건 기본!

우리 함께♥ 건강하고 행복하개♥

모카를 위한 특급 관리

반려동물을 키우다 보면 미소 지을 일이 엄청 많지만, 가끔씩 심장 덜컹 하는 일들이 생기곤 하는 것 같아요. 특히 건강과 관련된 문제라면 더더욱 그렇지요. 이번에는 라떼 여러분께 모카의 건강 이야기를 들려 드리려 해요.

알로페시아 증후군이 생기다!

어릴 적에는 모카의 털도 풍성했는데, 어느 순간 민둥산이 되었어요. 바로 알로페시아 증후군 때문이었죠. 생각지도 못한 순간에 탈모가 시작되어 걱정되는 마음에 정밀 검사를 해 보니, 모카에게 갑상선 저하증이 있었음을 알게 되었습니다. 병의 근본적인 문제를 찾을 수 있어 다행이었지만, 앞으로 평생 약을 먹어야 하는 모카에게 너무 미안했어요. 다행히 지금은 모든 호르몬 수치가 정상적으로 돌아왔답니다.

같은 어려움을 겪고 있는 강아지 친구들을 위해, 모카의 탈모 관리법을 공유할게요.

알로페시아 증후군이란?

가려움증 없는 탈모 증상으로, 새로운 모발 성장이 중단된 상태입니다. 현재로서는 원인을 정확히 알 수 없는데, 포메라니안 등 특정 견종에 주로 나타나는 것으로 보아 유전적 배경과 관련된 이상일 것으로 예상하고 있습니다.

알로페시아 증후군으로 인한 탈모는 외관상 즉, 미용상의 문제일 뿐 강아지의 건강 상태에는 영향을 미치지 않습니다. 다만 털이 없어짐으로써 자외선에 많이 노출된다면 피부에 트러블이 생길 가능성도 배제할 수는 없습니다.

모카의 탈모 관리 비법

① 매일 아침 공복에 갑상선 약 복용
② 평소 식사에 코코넛 오일과 오메가3를 번갈아 급여, 타우린과 CoQ-10도 번갈아 급여
③ 코코넛 오일을 탈모 부위 피부에 꼼꼼히 바르기
④ 목욕은 주 3회. 약용 샴푸를 탈모 부분에 바르고 5분 정도 마사지
⑤ 저자극 샴푸로 한 번 더 씻어 주고, 비눗기가 없도록 헹구기
⑥ 수건으로 충분히 닦고, 털을 완전히 말린 뒤 상태를 확인하며 빗질. 자기 전에 약 복용

두근두근 심장, 튼튼해지도록

꾸준한 관리로 탈모를 탈출하나 싶던 때에, 다시 한 번 마음이 철렁하는 일이 생겼어요. 바로 매년 받는 건강 검진에서 모카의 심장이 좋지 않다는 얘기를 들었기 때문이지요. 바로 심장 비대증이었어요. 모카에게 남은 시간이 길어야 2년이라는 말을 듣고 얼마나 울었던지요.

그래도 절대 포기하지 말자는 마음으로, 처방받은 약들과 몸에 좋은 보충제들을 준비해 본격적으로 관리하기로 했어요. 다행히 모카도 잘 따라와 주었고요.

갑상선 저하증으로 생긴 탈모에 관해서 피부과 전문 선생님과 상담을 했는데, 탈모 치료가 가능할 수도 있지만 그렇게 되면 복용해야 하는 약이 늘어날 텐데, 심장이 건강하지 않은 모카에게는 무리가 갈 것이라고 말씀해 주셨어요. 그래서 탈모 치료는 잠시 멈추기로 했지요. 외관상의 미용보다는 몸 건강이 우선이니까요.

다행히 꾸준한 관리로 3개월마다의 검진 때마다 조금씩 건강해지고 있다는 소식을 들었어요.

그렇게 한시름 덜었다 싶은 그때, 이번에는 모카의 몸 구석구석에서 피부염을 발견하게 됐어요. 부랴부랴 병원에 달려가니, 의사 선생님께서 모카 같은 노견에게는 단백질 함량이 높은 음식이 좋지 않을 수 있다고 하셨어요. 당장 그날로 생식 급여를 멈추고, 단백질 함량이 낮은 사료를 급여하기로 했습니다. 다행히 모카가 오랜만에 먹는 사료임에도 불구하고 거부감 없이 잘 먹어 줬어요.

모카야, 힘들 텐데도 잘 적응해 줘서 고마워. 사료 잘 먹고 더 건강해지자!

우리 오래오래 함께하자

드디어 모카의 건강에 대해 기쁜 소식이 생겼어요.

그동안 열심히 관리한 덕분에 정기 검진에서 비교적 긍정적인 결과가 나왔답니다.

갑상선 저하증과 관련된 수치 외에 모든 혈액 수치들이 건강하게 잘 나왔고, 노견들에게 많이 생기는 백내장도 없고 슬개골도 건강하고 근육량도 많다고 하셨답니다. 그리고 무엇보다도 가장 우려했던 심장 비대증도 악화되지 않고 잘 유지되고 있다고 하셨어요. 정말 이 소식에 마음이 한결 가벼워지고 정말 기뻤답니다. 앞으로도 더 열심히 관리해야겠다고 다짐하게 되었고요.

그런데 여러분! 놀랄 일이 생겼어요!

불과 몇 달 전만 해도 피부가 훤히 드러나 보였던 모카인데, 어느새 털이 점점 차오르기 시작하더니 곧 있으면 식빵을 구울 수 있을 정도로 많이 자랐지 뭐예요! 아무래도 저단백 식단으로 바꾼 것이 큰 도움이 된 것 같아요. 때마침 검진을 위해 찾은 병원에서도 전체적으로 잘 유지되고 있다고 하셨어요. 정말 너무 기쁘고 다행이라는 생각이 들었답니다.

앞으로도 더 세심하게 모카의 건강을 챙기도록 할게요! 물론 우유도!

모카야~ 우유야~. 우리 오래오래 함께 건강하게 지내자~♡

몽달귀신 우유에게 도착한 택배

작고 소중한 우유의 생일

날씨도 화창했던 우유 생일!

우유가 좋아하는 기~~~~인 산책을 마치고…

가뿐 가뿐

생일 선물이 기다리고 있는 집에 돌아왔어요.

오오~ 와아! 덥석

우유가 좋아하는 인형들도 잔뜩 선물했지요. 인형을 참 좋아하는 우유.

지난 모카 생일에 산 하네스도 착용해 봤어요. 착용을 하긴 했는데…. 털뚠이 우유에게 왠지 작아 보이는 느낌적인 느낌!

히잉

우유가 원하는 선물은 아니에요….

눈이 너무 좋아 계속 집 나가는 강아지

크리스마스를 따뜻하게 보내는 방법

목욕을 시작하자 성질 내던 모카는 사라지고 순둥 모드로 변신한 모카. 모카는 덩치가 작아 10분이면 목욕이 끝나요.

같이 놀아 주지 않을 수 없었다!

잠들기 전 새벽 4시

모카우유의 마지막 배변을 위해 문을 열었더니 눈이 펑펑 내리고 있었어요. 하지만 노는 것은 내일로!

다다다

다행히 모카는 볼일만 보고 바로 집으로~!

우유는 간식 준다는 말에 급히 달려 옵니다ㅋㅋ

폴짝

다음 날 일어나 보니 15cm 정도의 눈이 쌓였지 뭐예요!

아빠, 오버하지 마세요~.

멀뚱

으아! 추워~
발 너무너무 시렵다! 우유는 어떻게 누워 있니?!

대문 앞을 청소하러 나가자 덩달아 신난 우유.

팍
팍

신난다~!

다다다다

새하얀 눈을 보니 질주 본능이 솟아오르나 봐요.

드디어 멈췄네요.

가만

정말 잘 뛴다, 우리 우유~!

타다닷

행복해지는 강아지 풍선 놀이터

모카우유에게 신기한 놀이터를 선물했어요.

갸웅

우와!

스윽

적응을 위해 맛있는 간식도 OK!

냠

냠냠

의사 선생님을 재촉하는 강아지

모카우유 완전 신났네~?
그래. 아주 조오오오오흔데
데리고 갈게~ㅋㅋ

아우~

자자,
어서 가자~!

모카우유와 어디를
가는 거냐고요?

그곳은 바로…
동.물.병.원!

깜짝

주사 딱
한 대만 맞자~?

모카야,
괜찮아~.

아범아,
집에 가스 안 끄고
나왔다!

당장 차
시동 걸어라!

걱정 마, 모카야.
끝나고
돈가스 사 줄게!

행복에 녹아내린 강아지

천사 강아지에게 찾아온 기적

순둥

얼굴만큼 마음도 착한 우유. 우리 우유가 얼마나 착하냐고요?

편히 쉬는 시간에 오빠가 괴롭혀도 아무 말 안 하고요.

크르르

얌전

막내 동생이 장난치거나, 우유가 사랑하는 켄넬에 무단 침입을 하거나,

가만

낮잠 시간에 예쁘다고 쓰담쓰담 해 줘도 불편한 기색을 조금도 하지 않아요.

도망치다 강제 연행된 강아지 사연

하지만 막상 시작하면 얌전히 잘 기다려 주는 순둥이 우유예요.

우유의 뺃구두도 잊지 않고 정리해 줬지요.

다시 뽀짝해진 우유

다음엔 더 잘 숨을래요.

무엇이 모카우유를 하루 종일 웃게 했을까?

정성

오늘은 아이들의 수제 간식을 만들어 주는 날이에요. 앞으로 아이들의 1주일 치 간식을 책임질 육포를 만들 거예요.

고기의 지방 부분을 제거한 뒤 원하는 두께로 잘라 주기만 하면 60%가 완성.

열심

연어는 비늘을 긁어낸 뒤 깨끗이 씻어 줍니다.

쏴아아
뽀득
뽀득

얌전

다행히 두 녀석 다 음식에 달려들지 않고 얌전히 구경하네요.

틈틈이 시식하는 맛 평가단들!
이러다 다 되기도 전에
먼저 치우겠어요ㅋㅋ

또다시 찾아온
기다림의 시간….

아빠! 다 됐어요!

초라한 형태로 말라 버린
그 많던 고기들?! 사실은
성공적으로 완성된 육포들이에요!
이제 하나씩 맛보기로 해요!

신선한 고기로 직접 만들어 주니
왠지 더 안심이 돼요.
모카우유가 좋아하는 모습을 보니
제 기분도 너무 좋네요!

아범이 참 잘
만들었구먼~.

그렇지만 바로 옆에 앉아 웃으며
기다리는데 마음이 조급해져
운동이 제대로 안 되더라고요.

빤히

그리고 혹시 옆에 있다 다칠까 봐
다른 곳에 가도록 유도했어요.

스윽

이거 갖고
저~쪽으로
가 있어, 우유.

쓰담

하지만 소용없지요.
쭈그리고 앉아 몇 분째 쓰다듬어
주다 보면 씻고 쉬고 싶은 생각이….

빤히

푸하하!

간질
간질

이번에는 축축한 코로 간지럽히는 우유!
기어코 운동을 그만하게 만드네요ㅋㅋ
이쯤 되면 이유가 확실해진 것 같죠?!

이제
나랑 놀아요!

미소 천사♥ 사모예드 사랑하개♥

사랑에 빠지는 사모예드

솜사탕, 솜뭉치, 흰구름, 북극곰! 사모예드를 보면 떠오르는 말들 아닐까요? 어디에서나 눈에 띄고, 어디에서나 사랑받는 사모예드에 대해 조금 더 알아보는 시간을 가져 보아요.

사모예드는 오래전 시베리아 유목민 사모예드족이 기르던 개로, 시베리안 허스키, 그린란드 독, 알래스칸 말라뮤트와 같이 썰매견의 역할을 했어요. 물론 사냥을 하는 데에도 도움을 줬지요. 또 풍성한 털 덕분인지 사람의 체온을 유지해 주는 역할도 했다고 해요.

현대에 와서는 이 풍성한 털이 조금 곤란할 때가 있는데요. 털이 굉장히 많이 빠지는 점, 그리고 이중모라서 목욕 후 말리는 데 어려움이 있다는 점을 알아 두시면 좋을 것 같습니다.

이렇게 눈처럼 하얀 털과 반대로 입술 라인과 눈 라인은 매력적인 검정색인데요, 사모예드의 하얀 털을 더욱 돋보이게 해 주는 것이 아닐까 싶어요.

그리고 사모예드 하면 '미소'를 빼놓을 수 없죠! 항상 웃고 있는 것 같은 표정이라 '스마일링 새미(Smiling Sammy)'라는 별명이 있는 사모예드는 그 표정만큼이나 성격도 온화해서 많은 반려인들로부터 사랑을 받고 있답니다.

#털 #웃음 #하얀색 #검정색

모카우유 영상을 보면 알 수 있는 우유의 특징이 있는데요, 그건 바로 하울링! 하울링은 개들의 대화 방식 중 하나라고 하더라고요. 역시 의사 표현 정확한 우유!

그리고 사모예드처럼 추운 지방에서 태어난 개들은 물을 대체적으로 싫어하는 편인데, 추운 날씨에 몸에 물이 닿으면 동상에 걸리게 되어 목숨에 위협이 되기 때문이라고 해요. 다만 사람과 오랫동안 함께 지내 오다 보니 목욕에 익숙해진 아이들도 있는 것 같습니다.

또 추운 지방 태생인 만큼 더위에 약한 것은 사실인 것 같아요. 그래서 여름에는 더위에 지치지 않도록 신경을 써야 한답니다.

#하울링 #목욕 #더위 #추위

활동량이 넘치고, 힘도 세고, 하루에 수십 킬로미터는 족히 활동해야 성에 차는 사모예드! 키우는 데 있어서 까다롭지 않은 견종이긴 하지만, 그래도 반려하기 전에 꼼꼼히 공부해서 평생 함께할 수 있다면 좋겠습니다. #사모예드는 사랑입니다.

조심하개♡ 잊지 말개♡

 꼭 알아 뒤야 할 질병

강아지를 키우면서 꼭 알아 두어야 할 질병과 증상 등에 대해 공유하려고 해요.
규치적인 건강 검진으로 사랑하는 반려견의 건강을 미리미리 챙겨서
오래오래 행복하게 지내요~!

관절 질환 및 증상

슬개골 탈구 소형견에서 주로 나타나며, 무릎뼈가 원래 있어야 할 자리에서 빠지는 것을 말해요. 다리를 절뚝거리면서 걷게 되지요.

고관절 이형성증 고관절 부위에 위치한 대퇴 골두가 발달이 잘 되지 않았거나 비정상적인 구조로 변형되어 생겨요. 극심한 통증을 유발하고 잘 걷지 못하게 됩니다.

퇴행성 관절염 노화로 인해 관절에 생기는 질환으로, 모든 견종에서 생겨요. 관절에 통증을 느낄 수 있습니다.

피부 질환 및 증상

알레르기성 피부병 주로 음식이나 환경에 의해서 시작되며 가려움증과 피부 발진, 염증 등의 증상이 있어요.

곰팡이성 피부병 습한 환경에서 주로 발생하며 강아지의 피부나 털에 곰팡이가 생겨 가려움 등의 증상이 생겨요.

세균성 피부병 피부에 상처가 있거나 면역력이 떨어진 경우에 발생해요. 역시 가려움증과 피부 발진 등의 증상이 있어요.

꼭 알아 두어야 할 질병

파보바이러스 설사, 탈수, 구토를 일으키는 심각한 바이러스성 질병입니다.

심장사상충 심장과 폐에 심각한 손상을 일으킵니다. 모기를 통해 감염됩니다.

중이염 귓속이 염증으로 인해 발생하며, 귀를 긁거나 머리를 흔드는 행동을 합니다.

비만 운동량 부족으로 인한 비만은 관절 문제를 비롯해 당뇨병, 심장 질환과 같은 여러 문제를 일으킬 수 있습니다.

귀염둥이 모카우유를 위한 집사 체크 리스트 ♥

매일 같이 봐도 매일 같이 사랑스럽다고요?
잠깐! 그래도 빠진 것은 없는지 체크 리스트를 챙겨 보자고요!

♥ 모카옹 체크 리스트 ♥

- ☐ 오늘 털 관리는 해 주었나요?
- ☐ 편안한 산책으로 모셨나요?
- ☐ 알맞은 간식을 제때 주었나요?
- ☐ 멋지다, 사랑스럽다를 외쳐 주었나요?
- ☐ 계단을 내려갈 때 잘 안아 드렸나요?
- ☐ 귀여운 꼬까옷을 입혀 드렸나요?
- ☐ 누가 더 으르렁거리는지 시합해 보았나요?

♥ 흰둥이 체크 리스트 ♥

- ☐ 우유 이쁘다를 외쳐 주었나요?
- ☐ 간식을 많이 많이 주었나요?
- ☐ 우유와 함께 신나게 산책했나요?
- ☐ 쓰담쓰담을 지치지 않고 해 주었나요?
- ☐ 장난감으로 재밌게 놀아 주었나요?
- ☐ 우유의 패션 아이템을 업데이트해 주었나요?
- ☐ 하울링 누가 잘하나 대결해 보았나요?

제발 강아지처럼 잘 순 없는 거니?

생전 안 짖던 강아지가 짖은 사연

우유랑 놀아요~!

다가오는 캠핑 시즌을 준비하며 침낭을 구매했어요. 침낭 확인을 하며 우유와 즐거운 시간을 보내고 있었지요.

그런데 갑자기….

와악! 이거 뭐야!

깜짝

왈!

왈!

검은 꼬리 달린 가오나시

반년 만에 재회한 할아버지

요즘 우리 우유 왜 이러는 걸까요?

모카만 안고 계단을 내려가니 섭섭한 우유

아범~ 레츠 고!

모카는 아래층으로 내려갈 때 되도록 계단을 사용하지 못하도록 하고 있어요.

왜냐하면 계단을 내려갈 때 무릎 관절에 많은 무리가 가해지기 때문이죠.

꼬옥

그래서 모카는 급하지 않으면 계단 위에서 안아 주기를 기다려요.

계단을 올라갈 때도 안아 주냐고요?

올라갈 때는 관절에 무리도 없고 다리 근육도 튼튼히 해 주기 때문에 스스로 올라가게 합니다.

타다닷

타닷

할머니가 아끼는 정원을 망가뜨렸다!

기대

왈!
왈!

얼른 여시오!

오늘따라 유독 기분 좋아 보이는 모카와 우유.

바로 할머니 할아버지 집에 왔기 때문이죠!

반갑

어서 오세요~.
오래간만이네!

꼬옥

할머니 품에 안겨 우쭈쭈받는 모카 어르신.

썰매견이 무더운 여름에 캠핑을 가면?

아침부터 부랴부랴 짐을 싸고 놀러 나왔어요 바로 캠핑장이에요!

높은 나무들로 그늘도 넉넉하고 땅도 널찍하니 온 가족이 캠핑하기에 딱!

더워~

그런데 어딘가 불편한지 삐악삐악대기 시작하는 우유.

낑낑

작은 선풍기 하나로 우유의 미소를 되찾았어요.

휘오오

살겠다

고마워요.

이 맛에 캠핑하네!

태어나서 처음 미용실 다녀온 우유

마치 양처럼 허벅지와 몸통에 뭉쳐 있는 털들…. 이건 마치 깊은 산골짜기에서 살다 내려온 듯한 뒷태!

꼬질

다소 누렇고 자기 주장이 강한 털들….

꼬질 꼬질

떡진 가슴털까지…. 최근 들어 가장 꾀죄죄한 모습의 우유예요.

헤헤

나 이쁘죠~?

그동안 엄마에게 관리받았던 우유는 오늘 생애 처음으로 오빠가 다니는 미용실에서 관리받아 보기로 했어요.

자기 물건 사 온 건 어떻게 아는 걸까요?

모카는 나이가 있어서 단백질 함량이 낮은 사료를 먹고 있어요.

모카 사료도 거의 다 떨어지고 간식도 몇 개 살 겸 강아지 용품점으로 향했습니다. 모카 사료부터 사러 갑니다.

벌컥

우유야!

아빠! 어서 와요~!

모카, 아빠 왔다~. 들어가자!

활짝

이렇게나 반갑게 맞아 주다니….

세탁기에 들어간 장난감이 걱정되는 강아지

오늘은 우유의 인형 장난감들을 빨래하는 날이에요.

장난감에 관심 없는 모카와는 달리 우유에겐 없어서 안 되는 소중한 물건들이죠.

매일 갖고 노는 만큼 우유의 침으로 범벅이 된 장난감들을 오랜만에 보송보송하게 세탁해 주려 합니다.

아빠, 뭐 해요?

빨래를 해도 괜찮은 장난감은 세탁기에 넣어 줍니다.

스윽

바구니에 있어야 할 장난감 친구들이 없어서 우유가 당황했나 봐요.

아빠, 내 장난감들 어떻게 되는 거예요?

빤히

쏘옥

보호자 사랑 독차지하려는 강아지

이제 나이가 제법 있는 모카는 몇 달 전부터 단백질 함량이 낮은 사료를 먹고 있어요.

그러던 어느 날, 몇 년째 무소식이던 솜털이 뿜뿜 올라오고 있는 것을 발견했어요!

자세히 들여다보면 조금씩 자라 올라오는 갈색 솜털들이 보여요.

생식에서 사료로 바꾼 덕분인지 몇 년을 고생해도 올라올 생각이 없던 속털이 꽤 많이 올라오기 시작했답니다.

심한 탈모가 시작된 이후로는 각질 제거를 위해 일주일에 2~3번은 목욕을 했고.

새벽까지 일하는 아빠를 두고 못 자는 강아지

Chapter 2

엉뚱하고 귀여운 모카우유의 시시콜콜 이야기

#먹방 #재미 #챌린지

까만 눈동자로 아빠를 쳐다보면서
고개를 갸웃거리는 귀여운 강아지들!

아빠가 자꾸 장난쳐서 미안해~!
그런데 너희가 너무 귀여워서
멈출 수 없는걸~.

사랑해, 모카우유~♥

스테이크 처음 먹어 본 강아지

잠자는 강아지 몰래 간식 한 상 차려 주기

모카우유가 깊은 잠에 들면 서프라이즈로 간식을 주려고 해요.

짜잔

먹음직~

산책 다녀온 후 낮잠을 자려는 모카우유.

몽롱

헥헥

고기 앞에서 참을성이 대~단한 강아지

스테이크를 구웠는데요, 스테이크와 모카우유만 남는다면 아이들은 과연 어떻게 행동할까요?

쿵쿵

우유야, 아빠 화장실 좀 갔다 올게.

스윽

스테이크는 못 참아요오~!

기, 기다려! 기다려~.

화악

간식 먹고 싶을 때마다 종 치라고 했더니?

장난꾸러기 우유를 학구파로
만드는 간식의 위대함ㅋㅋ

땡!

땡!

모카야, 우유야,
간식 계속 먹고 싶지?
아빠가 종을 여기에
둘 거야. 계속~.

땡!

이제 주세요!

팬트리 앞에
종을 붙여 두었어요.

꾸욱

냠

잘했어, 우유.

댕댕이들이 살 찌는 시기

모든 다이어터의 주식이자 모카우유가 겨울에 살이 찌는 이유….

고구마, 빨리 먹고 싶어요~!

기대

충분히 식힌 후 급여하였습니다.

주세요~!

냠! 냠!

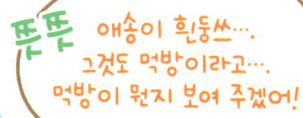

밥을 한 숟가락만 줬을 때 강아지 반응

모카와 우유는 평소에도 밥을 엄청 빠른 속도로 먹어요. 너무 급하게 먹다 보니 가끔은 토를 하기도 하는데요.

와구 와구

벌써 다 먹었구먼.

아쉽

어떻게 하면 조금이라도 천천히 먹일 수 있을까 하는 생각에 새로운 배식 방법을 시도해 보려고 합니다.

스윽

한 알씩 줘 볼게요.

땡글 땡글

※ 모카의 식단을 저단백 사료로 바꾸기 전 에피소드입니다.

누가 내 밥에 랩 씌우래?

뽀뽀받은 강아지

Chapter 3

모카우유 러블리 포토 모음
#라떼 원픽 사진은?

아범, 내 미소는 좀 어떤가?

이 몸의 리즈 시절이라네~.

정말 깜찍하고 귀여운
모카우유!

우리 포즈
잘 취하죠?

이래 봐도
내가 베테랑
모델일세~!

♥ 라떼 님들께
전하는
짧은 편지

특별하진 않지만 하루하루 소중한 모카와 우유의 일상을 담아 보았는데,
여러분은 어떠셨어요? 소소한 이야기들을 재밌게 봐 주시고
모카우유를 사랑해 주시는 라떼 님들께 정말 감사드려요~.
다음 번에는 더 재밌고 사랑스러운 이야기로 여러분을 찾아갈게요~!

초판 1쇄 인쇄 2024년 6월 20일
초판 1쇄 발행 2024년 6월 28일

원작 모카밀크

발행인 심정섭
편집인 안예남 **편집팀장** 이주희
편집 김정현 도세희 정성호 송유진
브랜드마케팅 김지선 하서빈 **출판마케팅** 홍성현 경주현
디자인 중앙아트그라픽스

인쇄처 에스엠그린
발행처 (주)서울문화사
등록일 1988년 2월 16일 **등록번호** 제2-484 **주소** 서울시 용산구 새창로 221-19
전화 02-799-9168(편집) | 02-791-0752(출판마케팅)

ISBN 979-11-6923-300-2
ISBN 979-11-6923-299-9 (세트)

ⓒ모카밀크. ALL RIGHTS RESERVED.
ⓒSANDBOX NETWORK Inc. ALL RIGHTS RESERVED.

※ 본 상품은 (주)샌드박스네트워크와의 정식 라이선스 계약에 의해
 (주)서울문화사에서 제작, 판매하므로 무단 복제 및 전제를 금합니다.
※ 잘못된 제품은 구입하신 곳에서 교환해 드립니다.